AF311145

ADRESSE

D'UN ANGLAIS

A LA NATION FRANÇAISE

DISCOURS

adressé

A UN CERCLE DE DÉPUTÉS FRANÇAIS

PAR M. LLOYD,

Pendant nombre d'années banquier et magistrat en Angleterre.

APRÈS UN DINER QUI LUI A ÉTÉ OFFERT

AINSI QU'A PLUSIEURS DE SES COMPATRIOTES A PARIS,

le 3 novembre 1840.

BIBLIOTHÈQUE ROYALE

PARIS

CHEZ DELAUNAY LIBRAIRE

Palais-Royale, Péristyle Valois, 182 et 183.

—

1840

Lb⁵¹ 3226.

Imprimerie Lange Lévy et Comp., rue du Croissant, 16.

C'est avec la plus vive satisfaction que je me trouve aujourd'hui au milieu d'hommes dont la position et les talens sont si éminens. Permettez-moi, simple et modeste citoyen appartenant à la classe bourgeoise, de venir vous faire connaître les opinions de cette classe sur la France en ce moment.

Je le ferai le mieux qu'il me sera possible ; vous voudrez bien excuser mon ignorance de vos idiômes et de mes expressions, et ne voir que mon désir de dissiper l'impression défavorable qui , je le crains est dans les esprits d'un grand nombre de vos concitoyens.

M. Attwood, dans le discours qu'il vient de vous adresser en anglais, a accusé lord Palmerston de trahison envers sa souveraine et envers son pays , et il dit qu'il a en mains les documens pour le prouver. Je regarde le traité de Juillet tout autrement ; je sais que le cabinet entier y a concouru et je le regrette. Sans prétendre en aucune manière porter atteinte au respect que mérite M. Attwood, il est de mon devoir de dire que les Anglais à Paris sont de l'opinion unanime que tout individu qui prendrait le nom de « délégué » entre deux pays comme les nôtres, et qui serait en rapport avec des personnes haut placées ici comme « délégué de l'Angleterre, » augmenterait les difficultés que, je suis sûr, il désirerait franchement et sincèrement aplanir. C'est, pénétré de ces sentimens, que je regardai comme un devoir d'avertir, il y a peu de temps, quelques députés ici présens, et je suis convaincu qu'ils n'ont pas mal fait de suivre mon avis. J'ai pour vous trop de respect pour vous laisser tromper. Il n'y a point en Angleterre de cette soif de conquête, de cette rage d'aller planter son drapeau sur de lointains rivages, comme vos journaux le donnent à entendre. Nous sommes une nation essentiellement industrieuse, nous sommes une nation de négocians; nous sommes toujours occupés. L'étendue de nos îles contient un tiers de moins que votre territoire, et notre population est de 24 millions d'ames; mais, dans ce relevé, je dois dire qu'une partie de la Grande-Bretagne est inculte et très peu peuplée dans le pays de Galles, surtout en Ecosse. Nous allons dans des parages éloignés chercher des provisions pour nos familles; nous y allons pour établir nos compatriotes, et non pour fonder des empires.

Le monde est assez vaste pour l'étendue de nos entreprises; allons exercer notre industrie dans d'autres climats; établissons une honorable rivalité dans des pays où les arts, les agrémens, les comforts de la vie sont encore inconnus; où la civilisation n'a pas encore répandu son baume divin; allons du nord de l'Amérique, de la baie d'Hudson, au milieu des glaces et des neiges éternelles, nous y cueillerons les palmes d'un trafic avantageux après des efforts opiniâtres et constans. Allons dans les sombres bosquets de palmiers de l'Indostan concourir pour mériter le prix de l'industrie. Mais la pudeur, mais la vertu nous défendent de souiller la terre de nos aïeux, l'asile de nos pères, du sang de nos frères, qui serait répandu dans d'horribles querelles. Alors les sauvages se réjouiraient, alors les hurlemens d'une joie féroce se feraient entendre dans des pays où règne la terreur, et dont les habitans sont de vils esclaves.

Français! pardonnez notre manque de tact; ayez de l'indulgence pour nos petites erreurs, soit d'omission, soit de commission; notre intention n'est point de vous offenser.

Dans ce cas, nous recueillons le fruit ordinaire de notre envie d'avoir voulu trop approfondir; la diplomatie n'est pas notre élément; nous avons fait tous nos efforts pour être extrêmement habilès et adroits, et en faisant plus qu'on ne nous demandait, nous avons fait beaucoup plus que nous n'aurions jamais dû faire.

Je désirerais sincèrement que notre gouvernement eût fait une condition *sine quâ non*, de ne point se mêler dans de petites querelles entre les puissances de la Méditerranée, sans le concours entier de la plus forte de ces puissances, sans contredit.

J'aurais voulu que l'Angleterre eût dit : « Désormais, je ne veux plus me mêler de politique continentale ; je veux me reposer sur l'honneur, sur l'amitié de la France, pour me mettre à l'abri d'une soumission subalterne qui pourrait compromettre ma dignité de puissance européenne. Je veux me fier à cette nation française, si noble, si grande, si généreuse, et continuer à suivre la marche d'un peuple marin ; et une fois assuré de l'empire des mers, je rassemblerai toute mon énergie pour protéger mes enfans partout où ils vont étendre leurs relations commerciales. Ils vont porter leurs pas dans tous les climats, et partout ils déploieront cette énergie qu'aucune crainte humaine ne pourra ébranler. Que leurs actions soient honnêtes et leur caractère bienveillant.

«La France a à remplir en Europe un devoir dont la responsabilité est plus grande que la mienne ; je l'aiderai de toute ma force morale et physique ; car ses destinées et les miennes sont unies d'une manière irrévocable, indissoluble. Tout ce qui tend à la gloire intérieure stimule mes enfans à en acquérir au dehors, et chaque point que gagne la France dans son influence européenne augmente la légitime ambition de l'Angleterre.» Français ! si les hommes savaient discerner le bien du mal, les ténèbres de la lumière !

Quelle illusion qu'un appel aux armes, une invocation à la gloire, quand la guerre est dans les foyers, dans les plus tendres affections Hâtons-nous d'effacer à jamais de nos cœurs ces jours de longues guerres, et jurons de maintenir le lien d'amitié qui n'est point rompu, et ne le sera jamais. Aucun ministre ne pourrait tenir en place un seul jour après avoir commis un acte qui imposerait à la France le devoir de se venger en trempant ses mains dans notre sang ; quant à nous. nous ne voulons pas verser le vôtre ; nous ne pouvons pas le vouloir. Nous avons vu, depuis nombre d'années, se resserrer les liens étroits d'intérêts et de civilisation qui unissent deux nations aussi éclairées que les nôtres. Permettez-moi de jeter un coup d'œil sur cette marque si délicieuse de notre amitié qui s'accroît et se fortifie de jour en jour. Dans l'année qui vient de s'écouler, votre commerce a excédé de 279 millions de francs, soit 17 0[0 celui de la moyenne formée par la réunion des cinq années précédentes. Votre commerce maritime est de 547 millions, soit 28 0[0 excédant celui de la moyenne quinquennale.

En réunissant dans un même chiffre pour chaque puissance l'importation et l'exportation, on trouve que l'Angleterre est celle avec laquelle vos relations commerciales se sont le plus accrues, comparativement à la moyenne quinquennale dans la plus forte proportion.

L'an dernier, nous avons expédié dans vos ports, pour l'usage de votre nation, pour plus de 75 millions de francs de produits de nos manufactures ; nous avons envoyé du fer pour vos chemins de fer ; nous avons construit pour vous ces messagers aux ailes légères, dont la rapidité est vraiment surnaturelle ; ces merveilleux chefs-d'œuvre de la mécanique, ces machines, ces locomotives, pour vous transporter dans toutes les parties de votre superbe pays, et centupler le nombre de ses admirateurs. Combien n'êtes-vous pas redevables à notre génie, qui vous donne le pouvoir de voyager sur votre territoire avec tant de rapidité ! Vous ne devez jamais avoir de querelle avec nous pour la fausse interprétation de quelques phrases diplomatiques, et tous autres petits actes dictés par notre vif désir de tout amener à un résultat satisfaisant avec nos voisins ; vous ne le voudrez pas, j'en suis convaincu, vous ne le ferez pas. Quand j'ai voyagé sur vos belles et agréables rivières, dans des bateaux à vapeur mûs par des machines anglaises, dirigées par des ingénieurs anglais, vous pardonnerez ce sentiment d'orgueil qui a fait surmonter tant de difficultés, grâce à cette moderne invention, et qui réunit comme dans un anneau les deux extrémités du monde ; j'ai pensé que ce pouvoir de communication, que mon pays a ainsi produit, me donnait un droit incontestable sur les beautés qu'il déroulait à mes yeux ; c'était vraiment pour moi une sensation délicieuse ! Sensation mille fois plus noble, mille fois plus pure, mille fois plus douce au cœur de l'homme, que cette joie hors nature produite par la plus glorieuse victoire qui ait jamais couronné les armes de l'une ou l'autre nation.

> Car la guerre après elle traîne tant de malheurs,
> Qu'il est peu de lauriers qui ne coûtent des pleurs.

Quel est l'Anglais qui a voyagé sur la Loire d'Orléans à Nantes, qui a vu des villes, des villages, des hameaux, porté sur un bateau dont tous les mouvemens lui retracent le génie de son pays, et lui rappellent les richesses de l'Angleterre ; qui n'élève vers Dieu un cœur reconnaissant, et qui ne remercie l'être suprême de ce que tous les hommes adorent son saint nom et s'aiment comme des frères ?

Ce n'est pas seulement dans ses excursions du capitole à la baie de Biscaye qu'il voit les anneaux qui doivent river cette douce amitié. Oh ! non, partez avec moi des tours de Saint-Germain, traversons les romanesques vallées de la Seine et de l'Oise, et ce département de l'Eure, si fertile et si peuplé ; passons la Roche-Guyon, le Pont-de-l'Arche, cette ville d'Elbeuf si active ; voyons Rouen, examinons avec un étonnement mêlé d'admiration ses quais couverts de marchandises, ses bateaux à vapeur rangés en ligne serrée au pied de ses vénérables murailles. Nous traverserons ensuite la forêt de Manny, les hauteurs de Moulineaux, Quillebeuf et quantité de riantes petites villes, toutes pleines d'industrie et jouissant des bienfaits de la paix. Ce n'est que depuis 1836, que la navigation par la vapeur a développé les beautés de la Seine ; combien de milliers de mes compatriotes ont, depuis cette époque, navigué sur ses eaux et revenus dans la Grande-Bretagne, ont fait de votre beau pays l'éloge le plus complet et le mieux mérité, et ont pressé leurs amis de suivre leur exemple.

Dans les parties les plus reculées de la Grande-Bretagne, j'ai entendu parler de vos rivières, et mes concitoyens connaissent aussi bien la Seine, de Montereau au Havre, la Loire, d'Orléans à Nantes, la Saône, de Châlons à Lyon, le Rhône, de Lyon à Avignon, que la Tamise de Gravesend à Henley, ou les sinuosités de la Wye, la Severn et le Trent. Nos poètes se délectent à les chanter, et nos peintres à les mêler dans leurs ouvrages artistiques, pour les offrir aux regards de toute notre nation.

Quand je considère le Havre, ses quais, ses chantiers, son port si magnifique, cette forêt de maisons, qui s'élèvent dans toutes les directions, comment puis-je penser qu'il existe, dans un cœur réellement anglais, d'autre sentiment que de féliciter sincèrement la France, de ce qu'elle a enfin reconnu cette vérité, sur laquelle la nation a fondé sa foi dans la divine Providence pour augmenter sa prospérité, et qu'elle a trouvé que c'était le moyen le plus sûr d'arriver aux honneurs et à la richesse. Regardez d'un œil de mépris toute fausse gloire, mes aimables et hospitaliers voisins! Cette gloire peut, pour un instant, tout absorber; mais elle passera comme un songe et ne laissera pas le plus petit débris. On m'a dit au Havre que chaque année cette ville voyait entrer dans son port près de cinq mille vaisseaux; on compte encore douze superbes paquebots qui entretiennent un service régulier avec New-York quatre fois par mois. Plusieurs autres paquebots sont dirigés sur la Nouvelle — Orléans, Rio-Janeiro, La Havanne et d'autres ports lointains; d'autres sont en destination pour nos ports de Londres, de Southampton, de Liverpool. Quelques bateaux à vapeur ont des services journaliers. Cette cité, qui grandit chaque jour, doit sa prospérité croissante à la paix, et à cette honorable concurrence dans les entreprises commerciales.

Il n'y a pas à Rouen, ni au Havre, un seul bâtiment que je n'aie visité; j'en ai été enchanté, et à tel point que je crois, que si un ministre, soit de votre pays, soit du nôtre, cherchait à allumer une querelle nationale, les habitans de ces villes, comme ceux de toutes vos grandes villes, refuseraient, comme je suis sûr que nous le refuserions, d'écouter la voix d'un tel ministre, et, aidés des représentans de la nation, ils le feraient exclure du conseil du souverain. Que vos heureux ports continuent à rivaliser avec les nôtres; que Bordeaux, Marseille, Toulon, Nantes, le Havre, Boulogne, luttent avec Londres, Liverpool, Portsmouth et Hull pour l'honneur maritime! Je crois fermement, malgré tout ce que je lis dans quelques uns de vos journaux, que la nation mépriserait l'homme d'état qui, pour calmer les passions d'un peuple brave, enthousiaste et chevaleresque, le conduirait à de vains débats, au lieu de se soumettre, comme une troupe passive, pour être poussé au carnage par amour du carnage. Je ne voudrais pas compromettre l'honneur national d'aucun de ces pays pour si peu de chose ; je n'hésiterais pas un instant à demander satisfaction d'une insulte, et je ferais peser là vengeance d'une nation, la juste colère d'une fière nation, sur l'homme qui aurait osé jouer un moment avec les cordes trop sensibles des cœurs de ses trop confians concitoyens. Nous ne sommes pas sous le contrôle des Plantagenet et des Tudor ; vous n'êtes pas gouvernés par ces ministres qui étaient les vils instrumens dont se servaient les Pompadour, les Montespan, les Dubarry.

De quelque côté que je tourne les yeux en France, je vois d'éloquens orateurs, dans la vie tranquille. Tout homme éclairé, avec lequel je m'entretiens, parmi vous, ne se laisse aller à aucune menace, à aucune déclamation contre l'Angleterre, et je suis convaincu que les Anglais n'auraient que de l'indifférence si on leur adressait quelques reproches de cette nature.

N'est-il pas probable que, dans les premiers âges du monde, nos deux pays n'étaient pas divisés ; et que la Manche, qui nous sépare, n'est qu'une invasion de la mer dans quelque golfe formé par quelque grande commotion souterraine?

> Hæc loca, vi quondam et vastâ convulsa ruinâ,
> Dissiluisse ferunt cùm protimus utraque tellus
> Una foret.

M. Thiers peut n'avoir pas réussi ; lord Palmerston peut avoir été trop vif et trop peu réfléchi ; mais j'en appelle à tout homme d'honneur, à tout homme sincère et de bon sens en France, pour repousser l'idée que la France a été insultée avec intention.

Pourquoi donc voudrait-on terminer une querelle par la force ou par la violence, *ultimâ ratio ferum*, quand nous comprenons, si bien l'un et l'autre, la forme de nos gouvernemens? Pourquoi nos cœurs ne s'entendraient-ils pas aussi bien? — L'histoire d'Angleterre, la plus parfaite, la plus importante que nous ayons, est par votre compatriote Rapin ; celle qui est regardée comme la meilleure sur notre constitution, est par votre compatriote De Lolme ; le meilleur ouvrage sur notre révolution, qui occasiona la chute du roi

Charles, est par votre illustre compatriote et présent ministre, M. Guizot. L'ouvrage de votre ex-président du conseil, sur votre grande révolution, est aussi connue en Angleterre qu'il l'est en France.

Il ne m'appartient nullement de défendre les actes du présent ministre des affaires étrangères de la Grande-Bretagne, ni d'affirmer que s'il a, de propos délibéré, insulté la France, quoique purement sur un point de forme, une telle conduite, si on y persistait, et qu'elle ne fût pas excusée, pourrait être regardée comme une insulte nationale, et justifier une revanche hostile. Si lord Palmerston a transgressé, comme je crois qu'il l'a fait, les règles de bienséance et de courtoisie de gouvernement à gouvernement, en apposant le sceau de l'Angleterre au traité de juillet, il a fait une très grande offense; mais il n'était pas le seul offenseur, et ne devait pas être choisi comme la seule victime de l'indignation et de la vengeance françaises. M. Neuman, ministre essentiellement minutieux et agissant sous l'influence immédiate du prince Metternich, le plus grand observateur parmi les hommes d'état actuels, de l'étiquette des nations, et toujours sur le qui-vive pour maintenir les droits de décorum et de délicatesse entre les gouvernemens, est ici aussi bien en défaut que notre ministre. M. Brunow, le délégué du comte Nesselrode, ou plutôt, le conseiller intime du souverain le comte de Nesselrode, avait aussi oublié la courtoisie qu'on doit à des gouvernemens indépendans, aussi bien que le vétéran Bulow, le ministre du roi de Prusse.

Ne vous laissez pas conduire par les journaux. J'ai lu dans les journaux ministériels anglais des articles évidemment écrits pour faire un mal immense, traduits par les vôtres.

Les discussions incessantes de la presse anglaise et de la presse française, sur la question d'Orient, sont vraiment curieuses. Le *Journal des Débats* prétend que ce serait chose extrêmement cruelle de rendre la Syrie à la Porte-Ottomane. Il dit que la Syrie est si difficile à gouverner, qu'elle ne ferait qu'ajouter aux difficultés de la Turquie, et que la Turquie serait une malédiction pour la Syrie. D'un autre côté, le *Chronicle* anglais donne le rapport du docteur Bowring comme une preuve que la Syrie coûte au pacha plus qu'il ne lui extorque au moyen de la plus cruelle oppression. Le *Chronicle* conclut de là que , pour le bien de Méhémet-Ali , on devrait lui prendre la Syrie. Ainsi nous voyons les journaux anglais et français changer de rôles ; *les Débats* s'attachent aux intérêts de la Turquie, et le *Chronicle* considère quels sont les avantages de Méhémet-Ali. La Porte ne devrait pas avoir la Syrie, dit le journal français , parce qu'elle ne pourrait pas la gouverner ; Méhémet-Ali n'aura pas la Syrie, répond le *Chronicle*, parce qu'elle ne lui convient pas. Après tout, disent *les Débats*, Méhémet-Ali gouverne la Syrie, ce que la Porte n'a jamais fait, et ne fera jamais. Méhémet-Ali gouverne trop , reprend le *Chronicle* ; vous allez rétablir l'anarchie , dit le journal français ; l'anarchie, sous la Turquie, répandait le bonheur, réplique le *Chronicle*, et un peuple habitué à un peu d'anarchie est plus heureux que celui qui est gouverné despotiquement. Cette Syrie, à laquelle un certain degré d'anarchie est si nécessaire , est , il faut l'avouer, un beau *questio vexata* sujet de querelle. Il est fort commode maintenant de déclamer contre l'oppression de Méhémet-Ali en Syrie ; nous avons de la sensibilité pour la Syrie , sous la domination de Méhémet-Ali , parce que sous sa domination on craint qu'elle ne soit un pas vers la Turquie. Le désir de rendre la Syrie à la douce autorité de la Turquie, suit assez étrangement les mesures que nous avons prises pour délivrer les Grecs de la même autorité si douce. Nous avons frappé à la tête notre ami particulier à Navarin, à cause de ses cruautés , et maintenant nous le rétablissons , nous le remettons à neuf, pour ainsi dire, et nous recommandons son gouvernement comme un bien pour lequel nous devons combattre. Certainement c'est avec la persuasion qu'il ne peut être non plus un gouvernement réel, solide, mais seulement une ombre de gouvernement. Prétends-je condamner le parti qu'on a pris ? Loin de là ; je dois le comprendre mieux, connaître mieux aussi les pourquoi et les parce que, avant de m'aventurer à le juger ; tout ce que j'y remarque, c'est ce qui paraît être les bizarreries de notre politique étrangère ; de même que la vérité n'est pas toujours la vérité, la politique peut n'être pas toujours la politique , et nous pouvons nous être rapprochés de la guerre par trop de discrétion. Notre crainte vient d'un excès de prévoyance; notre crainte est celle d'une guerre occasionée par les mesures de précaution prises pour nous garantir de la guerre.

Il y a une chose contre laquelle il faut se mettre en garde, de peur d'être conduit à la guerre, et en se mettant en garde contre cette chose qui peut conduire à la guerre, le danger est que ladite chose soit la principale cause de la guerre. Méhémet–Ali ne doit pas avoir la Syrie, de peur que la Syrie ne soit un pas vers la Turquie, et que les Russes ne prennent la Porte sous leur protection particulière, et une guerre s'en suivrait, et pour garder contre ce danger éloigné, le premier danger d'une guerre avec la Syrie, est risqué. Les précautions deviennent ainsi presque aussi mauvaises que les événemens contre lesquels elles sont prises. Nous lisons dans les contes des fées, l'histoire d'un géant, qui était si léger à la course, qu'il était obligé de s'attacher les jambes, pour que ses amis pussent le suivre à la promenade.

Les hommes d'Etat qui ont une prescience si extraordinaire, devraient pour la paix, pour la tranquillité du monde, adopter des restrictions semblables pour l'étendue de leurs connaissances, pour l'immensité de leurs lumières. Ils devraient porter des espèces de visières sur les yeux, comme celles qu'on met aux chevaux, pour les empêcher d'être effrayés. Si les longues vues étaient continues, elles seraient, sans doute d'une immense utilité, mais le malheur est qu'elles ne servent pas toujours également bien. Un jour nous détruisons la flotte de notre cher allié, un autre jour nous sommes sourds à sa voix, quand il nous demande du secours contre son rebelle vassal, et nous le laissons tomber dans les bras de la Russie, et après ces accès de myopisme, vient une longue vue d'un danger possible, et avec cela, la politique de rétablir ce qu'on nous détruit et de briser un pouvoir décrépit, quoique jeune encore. Et pourtant tout cela se fait dans un esprit de défense ; mais de ces mesures défensives, nous ressentons souvent cette sorte d'alarme qu'un soldat qui servait dans les rangs des volontaires, exprima sur les mousquets chargés et qui étaient dirigés sur tous les points, excepté sur le véritable. « Messieurs, je ne sais pas quel effet vos armes peuvent avoir sur l'ennemi, mais je puis répondre pour moi, qu'elles me font trembler. » Après tout, comment la Turquie est-elle en sûreté contre Méhémet-

Ali, s'il évacue la Syrie? il est reconnu qu'il sera le plus fort, pour perdre une possession si chère, que ses ressources seront plus grandes; mais si la Turquie, comme cela parait généralement reconnu, ne peut réellement pas gouverner la Syrie, et si la disposition de se révolter contre toute autorité, appartient aux tribus de cette province, la route ne sera-t-elle pas toujours ouverte à Méhémet-Ali? Aujourd'hui les peuples de cette province la plus difficile à gouverner, sont prêts à se révolter contre Méhémet-Ali, parce qu'il exerce sur eux son autorité; demain, ne seront-ils pas prêts à se révolter contre le Sultan, s'il fait la même tentative, et à recevoir leur vieux tyran comme un sauveur? Comme le véritable Amphytrion est celui avec qui nous dinons, ainsi, en Syrie, l'intolérable despote est celui sous lequel ils vivent. Le maître actuel ne peut pas être supporté. Vous chassez Méhémet-Ali, par-là, et d'après vos vues, vous améliorez ses ressources, mais avec ses ressources améliorées, comment sera-t-il tenu à l'écart, quand la Syrie peut encore être disposée à secouer le faible joug de la Turquie, ce qui ferait supposer que Méhémet-Ali a réellement les intentions qui lui sont imputées?

Plus je considère les propositions que Méhémet-Ali a, sur l'avis de la France, été engagé à faire à la Porte, plus je suis convaincu que, non seulement ce serait folie de les rejeter, mais que ce serait un moyen plus avantageux de régler définitivement la question d'Orient, même pour la Turquie elle-même, qu'on ne pourrait l'espérer du succès le plus complet des opérations militaires des alliés, et de l'entière déconfiture du pacha. Depuis nombre d'années, la politique spéciale de l'Europe entière a été de mettre la Turquie à l'abri de toute agression qui pût fournir le prétexte de la *protection de la Russie*. Le traité de juillet a l'air de continuer cette politique, et le pacha est dépouillé de la Syrie, parce que la possession de ce pays lui permettrait d'empiéter sur les états de la Porte.

L'occupation de la Syrie, province bouleversée, qui depuis sept ans est sous le contrôle de l'Egypte, est, en soi, un objet de peu d'importance pour la Turquie; elle ne ferait qu'ajouter à sa faiblesse; et si on suppose que l'ambition de Méhémet-Ali ne serait pas satisfaite s'il possédait la Syrie, elle le serait bien moins encore s'il ne la possédait pas. Souverain de l'Egypte avec son armée nombreuse et bien dirigée, il trouverait bientôt des prétextes d'une nouvelle rupture avec le sultan, et nous pouvons juger par les derniers évènemens, si la Syrie ne serait pas promptement envahie, et toute la question d'Orient rouverte par l'épée du pacha. Ce que les intérêts réels de la Turquie réclament, c'est la sécurité pour ses provinces européennes contre la Russie, et pour ses possessions en Asie, contre Méhémet-Ali. Aucune sécurité ne peut-être aussi complète que la garantie solennelle de toutes les puissances y compris la France, et leur détermination réunie de la protéger contre toute agression. La Turquie sans la Syrie, mais protégée et garantie par la France et les autres puissances, serait plutôt à l'abri du danger, qu'elle ne le serait avec la possession de la Syrie, mais exposée aux actes d'hostilité de Méhémet-Ali qu'il chercherait la première occasion de renouveler; et le danger qu'il ne craindrait jamais d'affronter, certain qu'il serait des sympathies et des vœux de la France, et même de son appui. Tout arrangement qui ne comprendrait pas la France ne saurait être ni certain, ni satisfaisant, ni durable.

Je disais à l'Angleterre : Acceptez la médiation de la France; faites la moitié du chemin, montrez une disposition à ne pas se soumettre à la menace, ni à adhérer à des prétentions déraisonnables, mais à agir d'une manière franche et amicale, conforme aux sentimens de la nation française. Nous reviendrons à ces relations dont l'intimité n'aurait jamais dû cesser, car la paix de l'Europe et le bonheur du genre humain dépendent aujourd'hui du maintien de cette union.

Je ne crois pas que la France ait aucun motif de changer d'avis; j'espère qu'elle n'en changera pas. En le maintenant, elle soutiendra sa dignité; et la dignité de la France ne peut être affaiblie sans que la Grande-Bretagne ressente un contre-coup.

Une question, qui assignerait pour limites à Méhémet-Ali, le Jourdain ou le Taurus, ne doit jamais placer deux nations comme les nôtres dans une fausse position vis-à-vis l'une de l'autre. Si nous devions agir ainsi, je rendrais justice à ceux qui m'ont exprimé une inclination pour une alliance avec la Russie; alliance pour laquelle un parti nombreux a montré tout récemment une forte prédilection dans ce pays.

C'est une infamie de se venter de défier la France de se montrer plus qu'une puissance maritime de second ordre, de défier les Français, d'un air railleur, d'être Français-Egyptiens, de lever le doigt en faveur d'un chef avec lequel, l'Angleterre le sait bien, la France est intimément liée ; et des ports duquel elle est aussi rapprochée que Londres l'est de Dublin ou de Belfast. La France a des sympathies et des relations d'amitié avec l'Egypte ; ses habiles officiers sont les meilleurs conseillers, et ont toute la confiance du vice-roi ; c'est un fait, c'est de l'histoire. Nous ne payons pas, nous, lord Palmerston, vous, M. Thiers, pour faire des syllogismes, ni pour expliquer à quel titre il a le pouvoir en mains. Le pays est essentiellement un pays qui peut se gouverner lui-même, et ce n'est pas pour les intérêts des souverains de l'Europe que le traité si rigoureusement exécuté serait paralysé, ou transferré en d'autres mains, et loin de nous. Je regarde l'Angleterre comme engagée sur l'honneur d'obtenir par l'intervention les possessions qui font le sujet de la querelle en Syrie ; de plus, et même si nous prenons, dans le sens le plus étendu, la proposition de M. le comte Sébastiani, il y a un an à peu près, proposition acceptée tacitement par notre gouvernement, je suis tenté de croire que non pas quatre, mais bien cinq puissances, doivent maintenant, et sans perdre de temps, signer l'intégrité du nouveau souverain dans le Levant, en insistant pour que la Turquie retire entièrement ses troupes de la Syrie. Je suis sûr que si un avantage réel et durable pour l'Angleterre doit résulter de l'issue de la guerre entre la Porte et le vice-roi (car on ne peut lui donner le nom de vassal, puisque depuis que le pouvoir des Mamelucks l'a laissé libre, sauf les liens purement nominaux qui l'attachent à la Porte), ce sera de consolider une puissance qui a toujours déclaré que si elle cherchait à être une souveraineté indépendante, c'était pour établir une communauté civilisée, et élever dans le désert un pouvoir qui pût prendre place parmi les autres nations du globe. Nous avons d'autres puissans motifs pour cette consolidation, motifs qu'il est inutile de déduire ici : mais rien de ce que j'ai lu dans les journaux du gouvernement ou dans les notes diplomatiques n'a ébranlé ma conviction, de l'immense avantage qui résulterait de cet arrangement pour l'Europe entière. Le pacha a été pour nous un allié précieux; ses agens ont acheté à Londres les produits de notre industrie, et donné des encouragemens à des centaines de nos plus habiles ouvriers pour qu'ils aillent s'établir dans leurs villes naissantes. Il les a conduits dans ses murs, et semblable au fondateur de Tyr et de Carthage, il fit admirer son royaume à plus d'un moderne Enée.

> Miratur molem Æneas, magalia quondam ;
> Miratur portas, strepitumque, et strata viarum ;
> Instant ardentes Tyrii : pars ducere muros,
> Molirique arcem, et manibus subvolvere saxa ;
> Pars optare locum tecto, et concludere sulco,
> Jura magistratusque legunt, sanctumque senatum.
> Hic portus alii effodiunt ; hic alta theatris
> Fundamenta locant alii, immanesque columnas
> Rapibus excidunt, scenis decora alta futuris.

Pourquoi ne permettrions-nous pas au chef de l'Egypte de prendre place parmi les potentats du monde ? Est-ce que ses progrès en civilisant les sujets éloignés et négligés de la Porte, n'étaient pas un motif plus légitime de le laisser continuer ses plans, et le pouvoir de les exécuter, que ceux du fondateur de la présente dynastie tartare qui règne sur la Turquie par droit de conquête. Bajazet eût-il des prétentions plus fondées que Méhémet-Ali? Je ne dirai plus rien sur ce sujet. Je suis venu ici aujourd'hui pour vous trouver réunis et répondre à votre aimable invitation ; je suis venu pour vous prier, pour vous supplier de vous désabuser des allégations si abondamment répétées dans quelques uns de vos journaux, que les Anglais veulent l'humiliation de la France, et voir son influence augmenter dans la Méditerranée. Tel n'est point le désir des Anglais : et tout écrivain qui publie de telles phrases et les donne à lire au peuple français, est selon moi, un ennemi public. Je vous dis cela hautement, ouvertement, sans réserve, parce que j'ai le droit de parler ainsi. J'ai toujours été, autant que mes faibles moyens me l'ont permis, un zélé partisan de l'alliance des deux nations. Je

n'ai laissé échappera ucune occasion de montrer ma conviction pleine
et entière de son importance, de sa solidité, et de quel prix elle est
pour tous ; j'y voyais les bienfaits de la civilisation, et le désir, le
progrès non interrompu des lumières. Il y a onze ans, votre prince
royal, l'héritier du trône de ce grand royaume, ne se doutait pas
des hautes dignités qui l'attendaient. (Son altesse royale était alors
duc de Chartres). Il voyageait dans la Grande-Bretagne pous ins-
pecter en personne nos ateliers ; nos manufactures, nos mines, et
toutes nos autres sources de richesses : avec ce coup-d'œil fin e
pénétrant d'un homme d'état, il nous donna le présage de ses hautes
destinées ; il vint dans la ville qui m'a vu naître et que j'avais toujours habité. Son altesse royale me remit une lettre d'introduction ;
Je saisis avec joie l'occasion qui m'était offerte de lui montrer mon
estime pour votre nation, ainsi que pour sa royale famille. J'eus le
plaisir d'accompagner son altesse pendant la journée, et je fus vraiment frappé agréablement de la finesse, de la perspicacité qu'il dé-
ploya partout, dans nos magasins, dans nos manufactures de métaux, de fusils, dans nos fonderies qui distinguent ma ville natale.
Rien n'échappa à ses observations. Chaque pas dans les progrès d'un
article, depuis son état brut, jusqu'à sa transformation en superbes
proportions, fut noté et scrupuleusement examiné par son Altesse
Royale, qui, quoique fort jeune, montra une connaissance parfaite
de notre langue. Ses questions, ses observations excitaient l'étonnement et l'admiration de nos ouvriers, qui, dans toutes les manufactures que nous visitâmes, s'empressaient de lui dévoiler les secrets
de leur art. Ils partageaient tous la joie de voir au milieu d'eux un
prince de France, cette nation contre laquelle ils entretenaient, dès
l'enfance, des sentimens hostiles. Quelques années après, le duc de
Nemours, accompagné de deux ou trois personnages de distinction,
vint visiter Birmingham. Il était porteur d'une lettre d'introduction
pour moi, et j'eus le plaisir de satisfaire la louable curiosité qu'i
témoignait de voir nos manufactures pendant son séjour.

Il ne s'est pas passé une seule année, depuis douze ans, qui ne
m'ait procuré le plaisir de remplir les devoirs de l'hospitalité envers
quelques-uns de vos concitoyens. L'Angleterre respecte ses ennemis,
et les longues guerres, si elles n'ont rien produit de bon, ont, du

moins, appris à deux braves nations à se respecter l'une l'autre. Mais ces débats firent naître l'estime, et il en est beaucoup parmi nous, Français, qui ont conservé trop d'admiration pour la valeur des héros de l'antiquité, pour ne pas partager tout l'enthousiasme qui vous anime, et qui, j'en suis persuadé, vous animera toujours. La gloire de vos conquêtes, la splendeur de vos triomphes sous l'Empire, trouvent beaucoup d'admirateurs enthousiastes de votre empereur, même dans nos petites villes de l'intérieur, et dans toutes les parties de l'Angleterre, il y a des cœurs qui battent à l'unisson avec les vôtres dans toutes ces brillans passages de votre histoire. Nous avons essayé mutuellement nos forces ; nous avons mesuré notre puissance mutuelle. Jamais les braves ne cherchent à se déprécier les uns les autres. Notre connaissance mutuelle a été chèrement achetée, elle nous a coûté le sang et les trésors de deux braves nations ; mais elle a acquis pour l'humanité l'estime et l'amitié durable de deux braves nations. Telles furent les sensations, les inspirations dans le cœur des ouvriers même des manufactures, partout où je présentai le prince comme prince français. Vos ouvriers, vos artisans répondront à ces sentimens ; ils y répondront ; ils doivent y répondre. Ils ne peuvent pas, de gaîté de cœur, vouloir briser notre grande et héroïque alliance. Je reviens maintenant un peu sur mes pas. En 1837, vous avez envoyé pour vous représenter au couronnement de notre jeune reine, un guerrier, dont la réputation et les honneurs parmi vous, venaient d'avoir combattu nos armées, et celles de nos alliés, en Espagne, en Allemagne et en Prusse. Le nom du maréchal Soult rappelle le souvenir de combats qui appartiennent à l'histoire, et qui, vous serez les premiers à en convenir, ont jeté quelque lustre sur la valeur britannique. Il n'était connu des Anglais que comme un homme dont la vie s'était passée à nous faire une guerre continuelle, et comme un des plus fermes appuis en Europe d'un système que nous avons fait tous nos efforts pour renverser. Oui, c'est une belle page de notre histoire ; nous avons sujet d'être contens de nous, nous avons fait notre devoir. Depuis le moment que nous le saluâmes, comme le représentant de la France, notre alliée, sur nos côtes, jusqu'à celui où nous l'accompagnâmes sur le port, à son départ, son séjour parmi nous n'a-t-il pas été une fête continuelle? Son voyage sur nos terres une marche triomphale? Je le vis à Londres, au milieu des plénipotentiaires des autres cours, et la noblesse de notre pays, dans notre vieille abbaye, si respectable par son ancienneté et ses souvenirs, je le vis l'objet de l'estime et du respect de tous. Dans le palais, il était de tous les autres représentans le plus honoré, le plus fêté par notre jeune reine. Cette jeune personne, même au milieu de l'éclat des fêtes et des cérémonies paraissait toujours enchantée d'avoir près d'elle votre vieux maréchal, et de lui prouver combien elle et tous ses sujets honoraient la France dans la personne de son digne représentant. Notre reine est une jeune femme d'un esprit noble et élevé! Les courtisans, les nobles et riches seigneurs se pressaient en foule autour de lui ; toutes les beautés de l'Angleterre le saluaient de leur plus gracieux sourire. Tous les habitans de Londres l'accueillaient par de nombreux vivat, partout où il paraissait ; les portraits de Soult et de Wellington, tous deux en grand uniforme, et à cheval, emblême de notre union étaient dans tous les magasins de gravures de Londres. La corporation de la cité l'invita à la fête la plus splendide qu'elle ait jamais donnée ; la santé de l'illustre maréchal, celle de la prospérité de la France furent portées et accueillies avec enthousiasme, par l'élite de la Grande-Bretagne. Etait-ce là montrer le désir de chercher à déshonorer la France? J'ai pourtant lu dans quelques uns de vos journaux que l'Angleterre le cherche encore. Détrompez-vous ! Nous ne sommes point changés ; notre affection une fois donnée, s'accroît, loin de s'affaiblir, avec le temps.

Le maire et les premiers magistrats des deux grandes villes qui viennent au second rang, Liverpool et Manchester, vinrent exprès à Londres, qui en est éloigné de près de trois cents milles, pour avoir l'honneur de recevoir, eux aussi, le représentant de la France. Le chemin de fer qui unit aujourd'hui ces villes avec Londres, n'était pas terminé alors, mais les directeurs firent une dépense énorme pour transporter le maréchal, sa suite et quelques uns de ses amis avec la rapidité de l'éclair, et si rapidement, en effet, que jamais on ne l'avait fait jusqu'alors. Aussitôt que j'appris qu'un représentant de la France allait passer près de Birmingham, je résolus de le recevoir de manière à toucher son cœur. Quoique simple

et modeste industriel , et alors un des magistrats de cette ville,
j'envoyai au maréchal, par un de mes amis, Alderman de la corporation de Londres, une invitation en mon nom de visiter la ville et
de dîner chez moi. Mon intention était d'inviter les autres magistrats
de la ville pour dîner avec le maréchal, et de lui présenter humble-
ment , mais sincèrement et cordialement la main droite, en signe
de vive amitié, aussi vive que celle qu'on lui avait montrée dans
les palais de notre souveraine, et chez les grands seigneurs de Londres. Je suis fier de dire que le maréchal accepta mon invitation. Je
conserverai la lettre qu'il m'écrivit comme le représentant de votre
nation, et si les hommes qui sont à la tête de nos gouvernemens res-
pectifs se permettaient la moindre atteinte à l'honneur de l'un des
deux pays, et que quelques sentimens hostiles vinssent refroidir notre amitié; si, dis-je, un tel changement avait lieu dans nos relations, ne puis-je pas regarder cette lettre comme mon meilleur pas-
seport? Croirez-vous que la grande majorité des anglais soient vos
ennemis , quand je vous montre une preuve de l'affection de celui
qui a pour vous les mêmes sentimens que des millions de ses concitoyens? J'en appelle à toutes les personnes qui ont des rapports avec
la classe manufacturière. Etre un membre de cette classe industrieuse
de mon pays natal, c'est la plus haute distinction que je recherche.
Le maire de Liverpool, un des patriotes les plus distingués d'Angleterre, après que votre représentant eut accepté l'invitation qu'il avait
apportée de Liverpool, vint me voir en retournant chez lui par Birmingham, pour me confirmer l'intention où était le maréchal et sa
suite de m'honorer de sa présence. J'avais dit à quelques uns des
principaux habitans ce que j'avais fait et combien je serais heureux
de faire moi-même mes honneurs au représentant de la France,
pourtant ces honneurs auraient plutôt dû venir d'un corps que d'un
individu. Cela excita vivement mes concitoyens. Vous savez que
souvent de petits commencemens produisent de grands résultats ;
quand ils surent que votre représentant se dirigeait sur notre ville,
après avoir visité Liverpool et Manchester, ils se joignirent à moi
pour lui faire un accueil digne de lui. Après avoir visité les villes
qui renferment la richesse de la Grande-Bretagne , le riche district
de Lancashire, et être allé par mer au pont de Menai, ce merveil-

leux spécimen dont l'art ne peut surmonter toutes les difficultés que les élémens et la distance peuvent offrir, votre représentant, accompagné de son fils, le marquis de Dalmatie, son gendre, le marquis de Mornay, le duc de Vicence, et dix à douze grands personnages, traversa le pays de fer et de charbon, une vaste étendue brillante de feux éternels, et retentissant pendant plusieurs centaines de mille arpens, du bruit des machines et du bruit sourd et terrible des fourneaux où se fondent les métaux, et qui s'élèvent comme des volcans du milieu d'une terre noire ; tandis que de ces innombrables carrières on tire sans cesse le charbon qui sert à alimenter ces feux éclatans. Après cela, il fut reçu par les honnêtes hommes noirs nommés charbonniers, avec des applaudissemens qui partaient du cœur, et plus d'une main rude et calleuse était tendue vers lui, et annonçaient des cœurs aussi sincères qu'ils étaient robustes et sans peur. Quand le maréchal entra dans ma ville natale, j'allai au devant de lui avec les autres magistrats : je me rappelle ses remercîmens et ceux de son fils, et en quels termes ils exprimaient leur admiration de tout ce dont ils avaient été témoins. Je dis au duc de Dalmatie qu'il devait cesser de remercier des corps séparés, pour leurs attentions et leur cordialité ; que les sentimens qu'on lui avait montrés à Liverpool, à Londres, à Manchester, à Beaumaris, à Wolverhampton, n'étaient qu'un échantillon des sentimens de toute la Grande-Bretagne. Le même pouls bat dans les veines du riche et du pauvre, et les souvenirs de tous, dans notre pays, étaient ceux des relations et des traités postérieurs à 1815.

Le seul regret que nous éprouvions était que leur visite fût si courte ; nous aurions désiré les posséder une semaine pour pouvoir leur montrer les produits de notre industrie et les procédés ingénieux de nos manufactures. Pendant leur séjour à Birmingham, je les accompagnai dans toutes les manufactures, et de concert avec mes amis, nous combinâmes notre temps de manière à leur montrer ce qu'il y avait de mieux. Birmingham, vous le savez, tirait sa principale richesse, pendant la guerre, de son commerce de fusils, de sabres et de mousquets ; par conséquent, quand la guerre cessa, cette branche fut complètement détruite ; plusieurs milliers d'ouvriers restèrent sans emploi. Ceux-ci et plusieurs milliers de soldats qui remplissaient les cadres de nos armées, pendant la longue guerre continentale, furent jetés dans les champs, sans asile et dénués de tout. On peut naturellement supposer que cette classe de mécontens, ruinés par la paix, allaient répandre partout des semences de rancune contre votre pays, et presser leurs concitoyens de demander une guerre qui leur rendrait l'emploi qui les avait fait vivre si longtemps. On pouvait naturellement attendre cela d'un peuple fier du succès de ses armes, et qui, pendant près de vingt ans, avait été dans une fièvre continuelle d'agitation et de mouvement, fièvre laquelle vous savez si bien s'empare d'une nation en guerre. Si le maréchal et les Français distingués qui l'accompagnaient, ont été reçus quelque part avec une cordialité franche, sincère, c'est assurément au milieu des fabricans d'armes et de mousquets de Birmingham. Leurs applaudissemens étaient bruyans et continuels. C'était vraiment un spectacle magnifique. C'est-là qu'était l'homme qui sous l'ennemi le plus acharné de l'Angleterre, s'est montré un adversaire très à craindre.

Pendant son séjour dans cette ville, les voitures où je l'accompagnai étaient suivies par une population immense qui saluait de ses houras le glorieux vétéran, représentant d'un pays autrefois leur plus cruel ennemi, aujourd'hui leur meilleur maie. Femmes, enfans, jeunes gens, vieillards, tous cherchaient à payer leur tribut d'estime à la France. O Français ! ne frustrez point les espérances d'une génération naissante ; ne les frustrez point !

Le jour où vos concitoyens dinèrent avec nous, j'ose me flatter qu'ils n'ont pas oublié avec quel enthousiasme fut accueilli le toast « De la santé du duc de Dalmatie et de la prospérité de la nation qu'il représente ! » Il y eut un autre toast qui fut accueilli avec des applaudissemens unanimes et qui partaient du cœur, par les convives, parmi lesquels étaient tous les officiers d'un régiment de dragons, et par toutes les jolies femmes qui remplissaient les galeries tout autour de la salle du banquet ; toutes ces dames agitaient leurs mouchoirs et paraissaient vivement émues ; les Français savent l'effet électrique que produisent ces émotions du beau sexe.

Vous dirai-je quel fut ce toast ? Je vais vous le répéter, mais promettez-moi de le porter d'aussi bon cœur que nous, quand on le porte dans chaque ville en Angleterre. Le voici :

« A l'alliance perpétuelle entre la France et la grande Breta-
gne ! »

Mon ami, M. Odilon Barrot, votre Président, sait que ces sentimens ne sont pas nouveaux chez moi ; ils étaient dans mon cœur en
1830, quand je signai une adresse de la ville de Birmingham à votre
brave nation, pour la féliciter sur votre Révolution, et des droits
qu'elle venait d'acquérir à un gouvernement constitutionnel. Plusieurs de mes amis qui sont de l'opinion carliste ou légitimiste, me
blamèrent. Je fis de la peine à quelques uns d'entre eux que j'aime
beaucoup, en donnant ma sanction à une révolution dont ils ne
pas les voyaienavantages du même œil que moi. J'allai plus loin,
beaucoup plus loin. Je savais que vous étiez dignes d'avoir une constitution, et mon cœur se réjouissait de vous avoir vu faire un si grand
pas. Je regardais une consolidation d'importans intérêts, nécessaire
à la sûreté de l'état, et le pouvoir qui voulait fouler aux pieds vos
intérêts ne pouvait être trop tôt changé, surtout comme il l'a été,
sous les auspices du souverain de votre choix. Notre réforme électorale était le contrecoup, et permettez-moi de vous le dire, notre
loi de réforme a été une plus grande révolution que la vôtre. Le
gouvernement fut plus changé par cet acte de notre roi et du parlement, qu'il ne le fut jamais par les plus violentes secousses popu-
laires depuis Henri III, jusqu'à ce jour. Les longues et sanglantes
guerres sous Henri VI, Henri VII, Edouard IV et Richard III, et
même la révolte du parlement et du peuple contre le roi Charles Ier,
ce qui, vous le savez, fut un triste précédent de votre convention
nationale contre votre roi Louis XVI, tout cela a opéré moins de
changement dans la constitution que l'acte qui a passé dans notre parlement, en 1832, sous le nom de grand acte de réforme. Je ne venx
pas dire par là que j'approuve cet acte dans son entier ; c'est une autre
chose. Je lis dans l'histoire de l'avenir que vous aurez une réforme
électorale ; elle arrivera, cela est aussi sûr, qu'il est sûr que je vous
parle en ce moment. Permettez-moi de conseiller à vos députés
conservateurs du centre droit de ne pas la différer, ni de s'y oppo-
ser. Si notre centre droit ne s'y fût pas opposé dès le principe, elle
se fut faite plus graduellement, elle eût été moins révolutionnaire.
Que vos députés conservateurs suivent le sage projet de mon ami

M. Odilon Barrot; ils verront, après tout, qu'il sera le meilleur conservateur des intérêts de la France.

Quand cet honorable député, qui est aujourd'hui le chef vénéré d'un grand et puissant parti dans ce pays, et son frère, M. Ferdinand Barrot me firent l'honneur de me visiter, l'an dernier, à Birmingham, et que j'eus le plaisir de leur montrer nos manufactures, je leur dis tout cela; ils se le rappellent. J'ai lu tous les ouvrages qui ont été publiés sur vos deux révolutions; et l'histoire de France du siècle dernier, m'est aussi familière que celle d'Angleterre et des États-Unis d'Amérique. Je ne puis parler des États-Unis d'Amérique, sans vous adresser mes remercîmens de ce que vous avez prêté aide et assistance à ces intrépides et vrais enfans de la Grande-Bretagne; c'est vous qui les avez revêtus de la *toge virile*. C'est par vous qu'ils sont devenus un peuple indépendant, un grand peuple. Nous n'en sommes pas moins riches. Nous jouissons des avantages de leur commerce, qui s'est accru sensiblement, du moment qu'ils ont agi librement. J'ai voyagé chez mes frères Américains (car je les regarde comme mes concitoyens), et à un dîner donné à New-York, il y a à peu près quinze ans, en présence d'un des plus grands hommes auxquels cet état a donné le jour, le gouverneur Clinton, et le maire de New-York, je portai un toast « à l'alliance entre les États-Unis et la Grande-Bretagne. Puissent l'aigle américaine et la croix de Saint-George, être toujours l'inséparable oriflamme de notre union fraternelle! »

Si l'aigle était, comme elle le fut à une illustre et brillante époque de votre histoire, l'emblème de vos armes, j'aurais ajourd'hui *patriis mutandis*, à répéter les mêmes mots pour l'amitié et l'alliance perpétuelles entre nos deux pays, parce que je sais que c'est le gage le meilleur, le plus sûr pour les intérêts de la civilisation, un fier rempart contre les agressions ouvertes des barbares Tartares, et les usurpations hypocrites, et non moins dangereuses d'autres despotes.

BIBLIOTHÈQUE

www.ingramcontent.com/pod-product-compliance
Ingram Content Group UK Ltd.
Pitfield, Milton Keynes, MK11 3LW, UK
UKHW021711090726
13657UKWH00005B/2187